आत्मभव

सौरभ त्रिपाठी

Copyright © Saurabh Tripathi
All Rights Reserved.

ISBN 979-888569615-9

This book has been published with all efforts taken to make the material error-free after the consent of the author. However, the author and the publisher do not assume and hereby disclaim any liability to any party for any loss, damage, or disruption caused by errors or omissions, whether such errors or omissions result from negligence, accident, or any other cause.

While every effort has been made to avoid any mistake or omission, this publication is being sold on the condition and understanding that neither the author nor the publishers or printers would be liable in any manner to any person by reason of any mistake or omission in this publication or for any action taken or omitted to be taken or advice rendered or accepted on the basis of this work. For any defect in printing or binding the publishers will be liable only to replace the defective copy by another copy of this work then available.

पापा , अम्मा और जिज्जी के लिए।

आपके शब्दों में नाना ,नानी और मां ।

मेरे लिए मेरे शब्दों में पापा ,अम्मा और जिज्जी।
(श्री कमलाकांत मिश्र एवं पंचकला मिश्रा) एवं
(किरन त्रिपाठी)।

Author - Saurabh Tripathi (सौरभ त्रिपाठी)

Instagram - @Theworldforwrite , @Thesaurabhtripathi
Twitter - @Worldforwrite , @SaurabhWritings

क्रम-सूची

प्रस्तावना vii

1. * आत्मभव * 1
2. * युवा * 3
3. * अभी तो कलम ने बस खरोंचा है। * 5
4. * एक वक्त नया फिर आया है। * 6
5. * कभी यादों की कहानी को सुना है क्या? * 8
6. * सितारों टूट जाना * 11
7. * मालूम ना था * 13
8. * किसने सोचा था * 15
9. * जीवन के दौर निराले हैं * 18
10. * क्यों फरियाद करूं मैं * 19
11. * इंसानियत हैरान है * 21
12. * पिता * 23
13. * बाबा * 26
14. * बाबा तू ये कैसे कर जाता है? * 28
15. * नजारे हमेशा एक से नहीं होते * 30
16. * क्या खुद को कोई और जानता है? * 32
17. * रातें हैं * 34
18. * क्या खाक बताऊँ * 36
19. * जीवन आदर्शों का मेला * 38
20. * कल क्या था? क्या कहलाएगा * 40
21. * शब्द * 43

लेखक 45

• v •

प्रस्तावना

कवि एवं कविताएं।

एक लेखक और एक कवि के रूप में मेरी ये कविताएं एवं वक्तव्य वो तमाम भाव और विचारों से उद्धृत शब्द हैं ।जिनको मैंने पंक्तियों में पिरो आपके सम्मुख प्रस्तुत किया है। जीवन एवं समय ये वो शिक्षक हैं जो आपको जीवन भर सिखाते हैं। ये आपको प्रेरित भी करते हैं और बतलाते हैं कि इस जीवन में आपका क्या कर्तव्य है।

जीवन से प्रेरित एवं जीवन में व्याप्त मानवता,मनुष्य, प्रकृति, समय,राष्ट्र, भाव, विचार, वर्तमान हालात , साहस , समय एवं जीवन के विभिन्न खंडों से जुड़ा मेरा ये द्वितीय कविताओं एवं वक्तव्यों का संग्रह "आत्मभव" आपके सम्मुख प्रस्तुत है।

एक लेखक एवं कवि के रूप में खुद को पहचानने के उपरांत यह मेरा द्वितीय लेखन संग्रह है ।

वैसे तो किताबो से बहुत पुराना नाता है, मेरे नाना श्री कमलाकांत मिश्र एक विद्यालय के भूतपूर्व पुस्तकालय अध्यक्ष हैं,और मैं बचपन से हमेशा उन्ही के साथ रहा तो अक्सर किताबों से मुलाकात हो ही जाती थी, पर इनकी खुशबू भी तो बड़ा रिझाती थी।

एक खूबसूरत पहाड़ों और प्रकृति से घिरा मेरा घर चित्रकूट (उ ० प्र ०) जहां से मैं हूं। जहां का नाम आपने रामायण में अवश्य सुना होगा। एक विद्यार्थी के रूप में अपना स्नातक (कंप्यूटर साइंस) एवम् स्नातकोत्तर (पी० जी ०) (समाज कार्य) से पूर्ण करने के साथ मैंने 9 काव्य एवं लेखन के संकलनों में सह - लेखक के रूप में अपना योगदान दिया।इसके पश्चात मैंने अपना प्रथम काव्य संग्रह "अंकुरण" लिखा जिसे पढ़कर आपने मुझे जो प्रतिक्रियाएं ,प्रेम एवं प्रोत्साहन दिया उससे प्रेरित होकर मैं आपके सम्मुख शब्दों से भावों को कागच में उतार अपना द्वितीय कविताओं एवं वक्तव्यों

का संग्रह "आत्मभव" प्रस्तुत कर रहा हूं। आशा करता हूं एक कवि और एक लेखक के रूप में आप सभी का प्यार मिलता रहे ।

मेरी कविताएं प्रायः आपको राष्ट्र,समाज ,जीवन ,लोग, मानव ,प्रकृति , मानव प्रेम ,और उस रचयिता के और उसके प्रति मनुष्य के भावों एवं वर्तमान समय ,हालत, घटनाएं , इन्ही के इर्द गिर्द नजर आएंगी । मन के समस्त विचारों को लिखने की आदत ने मुझे धीरे - धीरे यहां आपके समक्ष एक लेखक और एक कवि के रूप में पहुंचाया है।मैने सारे विचारों को समेटकर चंद शब्दों में कहानीयों को सुनाने कि कोशिश की है। आशा करता हूं ये कविताएं और समस्त लेखनी भी आपको पसंद आयेगीं।

आपका लेखक एवं कवि

- सौरभ त्रिपाठी

1. ✼ आत्मभव ✼

जिसको वो संभालता है,
जो सम्पूर्ण सृष्टि को संभालता है।
उसको भला कौन गिराता है ।
हर अस्तित्व के अस्तित्व में,
जिसका अस्तित्व पुकारता है।

जो बसता है कण - कण में,
जीवन में ,
जीवन के हर एक पल में।
सूरज का तेज भी जिससे आता है।
जो प्रकृति का, मेरा-तेरा,
सम्पूर्ण सृष्टि का त्राता है।

जो समय से पहले भी,
और समय के बाद भी आता है।
या सम्पूर्ण समय कहलाता है।

हर रचना का रचनाकार,
हर ख्वाहिशों का प्रकार,
जो जीवन,मृत्यु , सुख, दुःख
सब को बनाता है।

जो प्रेम और करुणा का सागर,

आत्मभव

जो सभी का दाता है।
जो सृष्टि में एक मात्र सत्य कहलाता है।

वो जिसे शब्दों से ,
कोई न भर पाता है।
हर शब्दों में भावों को,
जो खुद उगाता है।

जो हर रूप ,हर वेश में पूजा जाता है।
हां वही जो असंख्य नामों से,
जाना जाता है।
हां वही सृष्टिकर्ता,
जो आत्मभव कहलाता है।

2. ∗ युवा ∗

देखो अपना देश था सोया,
अंधकार सी रातों में।
बन सूरज फिर तुम उभरे हो ,
देखो नए प्रभातों में।
रोशन कर दो दुनिया में तुम,
"भारत" ऐसा नाम रहे।
फिर चाहे हो घोर अंधेरा,
पर प्रकाश सा मान रहे।

गर रातें फिर अंधियारी हों,
तो तारे बनकर चमको तुम।
राहें अंधियारों में खोएं,
तो दीपक बनकर दमको तुम।

भटके फिर गर समाज,
तो तुम राह उन्हें दिखला देना।
फैले गर द्वेष , बैर लोगों में,
तुम मिलकर प्रीति नई फैला देना।
युवा, युवाबल से "भारत" को,
तुम फिर से विश्वगुरु बनवा देना।

ऊंचा इतना कर देना गौरव इसका,
जगसागर में प्रकाश स्तंभ सा जलता जाए।
ताकत इतनी भर देना इसमें ,

कोई तूफान भी इसको हिला ना पाए।
"भारत" ऐसा बनता जाए।

देखो अपना देश था सोया,
अंधकार सी रातों में।
बन सूरज फिर तुम उभरे हो ,
देखो नए प्रभातों में।
रोशन कर दो दुनिया में तुम,
"भारत" ऐसा नाम रहे।
फिर चाहे हो घोर अंधेरा,
पर प्रकाश सा मान रहे।

3. ∗ अभी तो कलम ने बस खरोंचा है। ∗

लोग कहां सुनेंगे अभी,
लोग कहां सुनेंगे अभी।
अभी तो कलम ने बस,
कागच को खरोंचा है।
बनने दो इन कागचों से किताबें तुम,
बनने दो इन कागचों से किताबें तुम।

हर शब्द की आवाज में,
बस नाम तुम्हारा होगा।
फिर लाखों - करोड़ों ने पढ़ कर,
बस तुम्हे पुकारा होगा।

लोग कहां सुनेंगे अभी।
अभी तो कलम ने बस,
कागच को खरोंचा है।

4. ✳ एक वक्त नया फिर आया है। ✳

एक वक्त पुराना बीत गया,एक वक्त नया फिर आया है।
हम जीते हारे जो भी था, शुरुवात नयी फिर लाया है।।
एक वक्त पुराना बीत गया , एक वक्त नया फिर आया है।

देखी है धरा भी थमी हुयी, अज्ञात से रण में घिरी हुयी।
बिन अस्त्र - शस्त्र संहार हुआ,जैसे मृत्यु यहां उपहार हुआ।
इस ज्वार से पार ही जाना है,आगे बढ़कर दिखलाना है।
मायुसों की मुस्कानें बन कर , मुस्कान नयी फैलाना है।

खुशियों के बागीचे में फिर से बीजों को बोते जाना है,
पुष्पों की चादर से यूँ धारा को फिर महकाना है ।
उठकर ख्वाबों के गीतों को फिर गाना और सुनाना है।
मायुसों की मुस्कानें बन कर ,मुस्कान नयी फैलाना है।

जैसे बंजर रण में जल बनकर फिर हरा भरा कर जाना है,
उम्मीदों की स्याही को फिर से कलम में भरते जाना है,
फिर धरा पटल पर लिखकर के सपनों को फिर से पाना है।
मायुसों की मुस्कानें बनकर मुस्कान नयी फैलाना है।

पर मत भूलो सीख मिली है जो , बीते लम्हों के दामन से,
पसरे सन्नाटे थे जग में जैसे धरा रुकी थी आंगन में।
पर पल मुस्कानों के भी थे ,

कुछ भूली बिसरी यादों को फिर से जाना और पहचाना था।

फिर प्रकति ने खुद श्रृंगार किया,देखो हमको उपहार दिया,
घर की छत पर से हमने फिर गिरिराज हिमालय देख लिया।
फिर जल गंगा का स्वच्छ हुआ ,वायु भी बहकर हुयी नयी।
बस भूल ना जाना बातों को की क्यों थी दुनिया थमी हुयी।

इस सीख को लेकर जाना है , नए वक्त को बुनते जाना है।
एक वक्त पुराना बीत गया , एक वक्त नया फिर आया है।
एक वक्त पुराना बीत गया , एक वक्त नया फिर आया है।

5. ✳ कभी यादों की कहानी को सुना है क्या? ✳

कभी यादों में छुपी,
कहानी को सुना है क्या?
दौड़ती जिंदगी के भागते सफर को,
रुककर देखा है क्या?
बेशक ख्वाहिशें बड़ी हैं ,
और पाने को बहुत कुछ,
पर कुछ लम्हें उन ख्वाबों को,
फिर से जिया है क्या?

कभी भीड़ के शोर समाज के जोर,
और मन में कल के सवालों को किनारे कर ,
दिखावे की दुनिया से थोड़ा दूर होकर,
वापस तुमने बेबाक बेखौफ,
बस आज इस पल को जिया है क्या?
यादों की खिड़कियां खोल ,
स्कूल के सफर को फिर से देखा है क्या?

जैसे आज जो कल्पना है,
कल वो हकीकत थी।
वैसे लंच ब्रेक तो आज भी होते है ,
मगर बस भूख मिटाने को,
कभी जोर शोर से जिसका इंतजार होता था,

सौरभ त्रिपाठी

बस खुशियां पाने को।

वैसे खुश तो हम हमेशा रहते थे,
आखिर स्कूल में जो थे।
जैसे दुनिया में सबसे बड़ा संसार ,
कहीं और नहीं बस वहीं था।

उड़ने की ख्वाहिशें अक्सर ,
कागज के जहाजों से पूरी कर लेते थे,
बातों बातों में ना जाने ,
कहां - कहां घूम आते थे।
चोर - पुलिस और तमाम खेल,
अक्सर उन्हीं कॉपी के पीछे होते थे,
जिनमें अक्सर होम - वर्क पूरे ना होते थे।

इस दौड़ से निकलकर ,
कुछ उन्ही लम्हों को याद करो,
जिनमें दौड़ सिर्फ एक - दूसरे का साथ पाने की थी ,
आगे जाके भूल जाने की नहीं।
जहां कट्टीयां और मिठि्ठयां ,
सबसे छोटी ऊंगली को मिलाने से हो जाती थीं ।
पानी पीने के बहाने बार - बार बाहर जाना ,
और देर तक ना आने का मजा ही कुछ और था।

हां दोस्तों तब ही की बात कर रहा हूं,
जब हम सिर्फ जीते ना थे ,
जिंदगी को महसूस करते थे,
और खुशियां ढूंढनी नहीं होती थीं,
वो तो हमारे साथ - साथ खेलती थीं गुनगुनाती थीं।

दोस्त बनाने हाथ मिलाने के अलग ही अंदाज थे अपने।
कुछ याद आ रहा है जैसे हल्की सी मुस्कान धीरे से होठों पे आ के बैठ गई हो ना।
हां कभी दौड़ती जिंदगी के सफर में ,
ठहर कर इन यादों को पलट के देखो,
वो मुस्कुराहट वो खुशी इन्हीं बंद आंखों के अंदर ,
तुम्हारी सुनहरी यादों में छुपी बैठी है।
रुककर बचपन और स्कूल की यादों में खो कर तो देखो,
यादों की कहानी यादों की जुबानी सुन कर तो देखो।

कभी यादों में छुपी,
कहानी को सुना है क्या?
दौड़ती जिंदगी के भागते सफर को,
रुककर देखा है क्या?
बेशक ख्वाहिशें बड़ी हैं ,
और पाने को बहुत कुछ,
पर कुछ लम्हें उन ख्वाबों को,
फिर से जिया है क्या?

कभी यादों में छुपी,
कहानी को सुना है क्या ?....

6. ∗ सितारों टूट जाना ∗

सितारों से गुजारिश है,
टूट जाना।
सितारों से गुजारिश है,
टूट जाना
जब भी गहरी रातों में सिर उठा,
मैं ख्वाहिश करूं।
सुना है तेरे टूटने से भी,
पूरी होती हैं।

ओ बादलों तुम भी,
चांद को छुपाना।
ओ बादलों तुम भी,
चांद को छुपाना।
कहीं उसकी चमक में,
सितारे गुम ना जाएं यूं।

दिन तुम भी जरा देर से आना।
दिन तुम भी जरा देर से आना।
कहीं छूट न जाए,
कुछ कहने को ,क्यूं।

सितारों से गुजारिश है,
टूट जाना।
सितारों से गुजारिश है,

आत्मभव

टूट जाना
जब भी गहरी रातों में सिर उठा,
मैं ख्वाहिश करूं।
सुना है तेरे टूटने से भी,
पूरी होती हैं।

7. ✻ मालूम ना था ✻

मालूम ना था किस वक्त तुमसे मुलाकात होगी,
गर होता तो थोड़ा मैं जल्दी ही आता ।

मैं लिखता सुनाता तमाम गीत गाता ,
कहानी जुबानी मैं अपनी सुनाता ।
मैं तुमको बताता मैं तुमको दिखाता
कि शब्दों के झरने में फिर गुनगुनाता।
मैं कागज में स्याही के दीपक जलाता,
कि लेखों से जीवन को रोशन कराता।
ज्ञान- कला कि मैं कमला जुहाता।
मालूम ना था किस वक्त तुमसे मुलाकात होगी।
गर होता तो थोड़ा मैं जल्दी ही आता।

मसीपथ में अभिमत को भरता ही जाता,
मैं जीवन के उपवन में सौरभ बिछाता,
नयी रचना के सागर को गढ़ता बनाता,
जीवन की लहरों से साहिल पे लाता,
राहों में ध्रुव सा मैं राहें दिखाता।
मालूम ना था किस वक्त तुमसे मुलाकात होगी।
गर होता तो थोड़ा मैं जल्दी ही आता।

सूरज की किरणों सा मैं जगमगाता,
उपवन सरोवर में नीरज खिलाता,
शब्दों में शब्दों कि मणि को सजाता,

आत्मभव

मंजिल में राहों की मंजू बताता,
निशा में तारों सा मैं टिमटिमाता।
मालूम ना था किस वक्त तुमसे मुलाकात होगी।
गर होता तो थोड़ा मैं जल्दी ही आता।

जीवन की रश्मि को तुमको दिखाता,
शब्दों की भूमि को उज्ज्वल कराता,
लेखक में लेखक कि आस्था बताता,
मैं लेखों के आयुष से तुमको मिलता।
मालूम ना था किस वक्त तुमसे मुलाकात होगी।
गर होता तो थोड़ा मैं जल्दी ही आता।

मालूम ना था किस वक्त तुमसे मुलाकात होगी।
गर होता तो थोड़ा मैं जल्दी ही आता।

8. ∗ किसने सोचा था ∗

वक्त कुछ ऐसा आयेगा,
किसने सोचा था?
जीवन एक पल में,
यूं थम जाएगा।
गलियों,राहों,बाजारों में,
यूं बस हवा का सन्नाटा रह जाएगा,
किसने सोचा था?
वक्त एक वक्त में यूं,
लाशों के ढेर लगाएगा,
किसने सोचा था?

मानवता में मानवता भी तरसेगी,
अपनों के मातम सी बरसेगी,
जीवन यूं गिड़गिड़ाएगा,
लाचारी , बेबसी से,
इंसानियत को पी जाएगा।
क्या खाक ये दुनिया उन्नत कहलाएगी,
विज्ञान धरा रह जाएगा,
फिर कुछ न काम में आएगा।
वक्त कुछ ऐसा आएगा,
ये किसने सोचा था?

पर वक्त इन दौरों का भी जाएगा।
जीवन फिर लहलहाएगा।

खुशियों को साथ लाएगा।

हम फिर बुनेंगे ,
जीवन की डोर को,
फिर भरेंगे लोगों में,
जीवन के शोर को।
न डरेंगे , न झुकेंगे,
फिर लड़ेंगे,फिर उठेंगे।

साथ मिलकर फिर नया,
जहां बसा ही देंगे।
मायूसों में फिर नई मुस्काने ,
फैला ही देंगे।
बांट कर के अपनी खुशियां,
फिर गमों को बांट लेंगे।
मिल के ममता मानवों में,
फिर से जगा ही लेंगे।

फिर गढ़ेंगे विश्व को,
नयी सोच ,रूप के ढंग से।
फिर से बांधेंगे जीवन को,
नए जीवन के रंग से।

पर न भूलेंगे कभी,
सीखों को सीखी वक्त से जो।
पर न भूलेंगे की गलती,
हमने हमसे की थी जो।
फिर करेंगे पूरी कोशिश,
फिर न आए वक्त वो।

याद रखेंगे कि दुनिया,
जीव,जीवन से जुडी।
मौत के समान से,
क्या ही है इससे दोस्ती।

अबकी बार दौड़ होगी ,
जीव की उत्थान की।
वक्त में प्रेम के पहचान की।
हर सीख से अभिमान की।

वक्त को हम फिर से गढ़ते जाएंगे।
अनुभवों के साथ इसमें शक्ति भरते जाएंगे।
इस वक्त में फिर जीवन से बढ़ते जाएंगे।

वक्त कुछ ऐसा आएगा,
ये किसने सोचा था?
पर
वक्त इन दौरों का भी जाएगा।
जीवन फिर से लहलहाएगा।

9. ✶ जीवन के दौर निराले हैं
✶

जीवन के दौर निराले हैं,
हर किरदार पे डाले ताले हैं।
रंगमंच में खड़े मुसाफिर,
जैसे रखे खाली प्याले हैं।

हर दौर में हरदम भरे गए,
कितने सारे किरदारों से।
कुछ बढ़कर के आदर्श बने,
कुछ चलते फिरते भूल गए।

जीवन के दौर निराले हैं,
हर किरदार पे डाले ताले हैं।

एक दौर था बचपन चला गया,
एक दौर जवानी आई है।
गर संभली तो फिर शिखर चढ़ी,
गर भटकी तो फिर खाई है।

जीवन के दौर निराले हैं,
हर किरदार पे डाले ताले हैं।
रंगमंच में खड़े मुसाफिर,
जैसे रखे खाली प्याले हैं।

10. ✳ क्यों फरियाद करूं मैं ✳

क्या खोया क्या पाया,
किस - किस को क्यों याद करूं मैं।
ये तो जीवन है चलता ही रहेगा
क्यों किसी की फरियाद करूं मैं।

कल सोया तो फ़िर जागेगा,
उठकर के वो फिर भागेगा।
राहों में वो छोडेगा,
क्या ले कर जाएगा?
मिलकर किस - किस से रहो पे ,
वो फिर मुड़ जाएगा।
क्या पहुंचेगा मजिल तक या,
फिर राहों में खो जाएगा।

किसे पता जो कल जागा था,
वो आज कहीं न सो जाएगा।
और किसे पता जो कल सोया था,
आज वो उठ भी पाएगा।
जीवन चलता है चलता जाएगा,
जीवन चलता है चलता जाएगा।

क्यों याद करूं उन बातों को ,
उन भूली बिसरी यादों को।
क्या मिले खुशी या गम मुझको,

क्या समझाऊं हालातों को।

जीवन राह पकड़ न बैठा है,
ये चलता है, चलता जाएगा।

खामोशी की लहरें भी विध्वंशक हो जाएंगी,
खामोशी की लहरें भी विध्वंशक हो जाएंगी,
बातों -बातों में बातें भी सारी खो जाएंगी।
क्यों अब मैं अवसाद करूं,
अब क्या ही मैं फरियाद करुं।

इसका क्या ही मोल करूं,
अनमोल जो ठहरा पहले से।
मिला तुझे तो हिम्मत कर,
किस मोहलत की है चाह तुझे।

अब जागा हूं तो दौडूंगा ,
बस राह ये मेरी ही होगी।
फिर क्या याद करूं मैं,
क्यों फरियाद करूं मैं ।

क्या खोया,क्या पाया,
किस - किस को क्यों याद करूं मैं।
ये तो जीवन है चलता ही रहेगा
क्यों किसी की फरियाद करूं मैं।

11. ✷ इंसानियत हैरान है ✷

इंसानियत हैरान है,
इंसान ही शैतान है।
इंसान में ही ढूंढती ,
इंसान की पहचान है।

सोचती है जग रही है,
या ये सपनों में कही है।
खुद से खुद को कह रही है,
ये वो दुनिया अब नहीं है।

पूंछती है खोजती है
इंसान में इंसान को ये,
न मिले पर कोई इंसा,
जो पता देदे इसे।

उठ रही है गिर रही है,
पर नहीं संभल रही है।
है नहीं क्या कोई इंसा,
जो संभालेगा इसे?

इंसानियत इंसान में,
इंसान से अनजान है।
न पता इसको यहाँ
इंसान की पहचान है।

लोभ के संसार में
संसार भी अब खो गया है,
यूँ खड़ा बाजार में
इंसान भी अब सो गया है।

इंसानियत की आश में
इंसान भी अब खो गया है,
यूँ खड़ा बाजार में
इंसान भी अब सो गया है।

इंसानियत हैरान है ,
इंसान ही शैतान है।
इंसान में ही ढूंढती,
इंसान की पहचान है।

इंसानियत हैरान है.............

12. ✳ पिता ✳

वो बड़े खास होते हैं,
जिन्हे बयां करने के,
शब्द न पास होते हैं।
जीवन के सफर में,
ऐसे बड़े कम साथ होते हैं।

जीवन में बसी वो ,
अनमोल कहानी है पिता।
तेरे सपनों की नींव की,
रूहानी है पिता।

जिसने हर छोटे सपने को पूरा किया,
तेरी ताकत कि सपना तू देखे बड़ा।
जरूरतों को रुकावट न बनने दिया,
तेरे कहने से पहले ही लाके दिया।

लक्ष्य कर तू लक्ष्य पे,
और भूल जा ये दिक्कतें,
देख लूंगा इनको, मैं हूं खड़ा।
बिन कहे ये सब जिसने किया।

तेरे खूबसूरत आज और,
उज्ज्वल भविष्य को,
गढ़ने में जो आगे हरदम खड़ा।

डर न होता जमाने के सवालों का,
न किसी और बात का ,
जब मालूम है पिता के साथ का।
जो सिखाता है लड़ना,
वक्त से मुलाकात का।
छाता सा बनता जो,
जीवन कि बरसात का।

जिसके सपने भी आ,
तेरे सपनों में बस जाते हैं।
उन्हें पूरा होता देख,
उसके भी पूरे हो जाते हैं।

कैसे बयां करूं,
कैसी कहानी है पिता।
आज मेरे शब्दों की,
ताकत कि जुबानी है पिता।

जिसने ज्यादा कभी,
बातों से न बोला।
जिसकी मजबूती ने,
तुझे न झुकने दिया।
जब भी डर लगा कि,
जीवन में कहीं गिर न जाऊं,
वो थामें तुझे तेरे पीछे खड़ा।

न मांगा तुझसे कभी कुछ,
बिन मांगे जिसने तुझे सब दिया।

जिसकी ख्वाहिशें तू और,
तेरी ख्वाहिशें बन गए।
तेरी खुशियों को पाकर ही ,
जो हरदम जिया ।
हां कुछ ऐसी कहानी है पिता।
जीवन में बसी वो ,
अनमोल जिंदगानी है पिता।

कुछ शब्द हैं ,
ज्यादा लिख के क्या बताऊं।
वो ज्यादा बतलाता नहीं,
वो ज्यादा दिखलाता नहीं।
मैं कैसे बताऊं,
मेरी भी सारी कहानी है पिता।

जीवन की अनमोल जिंदगानी है पिता।
जीवन की अनमोल जिंदगानी है पिता।

13. ✽ बाबा ✽

जोरों की बारिश में मैंने एक साठ - सत्तर बरस के,
जीवन को जीवन से लड़ते देखा।
रोटी की भूख में मैंने कांपते ठिठुरते बदन को,
भारी बोझा ढोते देखा।
पता नहीं मैं उसे क्यों निहार रहा था!
कुछ सीख रहा था, या वो मुझे कुछ सीखा रहा था।
लगा छोटी - छोटी कठिनाइयों में हम ,
डर कर पीछे हो जाते हैं।
हाथ खड़े कर बस क्यों,
नसीब को कोसते जाते हैं।
पर देखो इसे तो शायद किसी से वो कहने को भी न मिला।
शायद भूख ने इसे नसीब से बड़ा बना दिया।
सिर पर मैला सा साफा बांधे ,ढीली कमीज और एक लुंगी,
सब माटी में लिपटे पर उसे क्या फर्क है।
जैसे उसपर रोटी का कर्ज है।

शायद दो वक्त की रोटी बस कमा पाता है,
पर जब भी पूंछो चुन्ना बाबा क्या हाल है?
बढ़िया है भईया बोल ये कैसा मुस्कुराता है।
हम संघर्ष की बातें करते नहीं थकते,
फिर लगता है संघर्ष भी इसके आगे,
कितना बौना हो जाता है।
हम कहते हैं ताकत देखो आज कितने दण्ड मारे मैंने,
कितने भारी मूसल उठाए।

पर देखो बाबा तो कितना भारी बोझा ,
हरदम इतनी आसानी से उठा लेता है।
फिर लगता है इसको किसने इतना ताकतवर बनाया है।
हम रो देते हैं,बस कि जो है कम है,
जो मिला तो मिला जो नहीं तो क्यों नहीं मिला,
और अगर थोड़ा सा थक जाएं तो पड़ लेते हैं।
पर आज इसे देख इस आश्चर्य को कैसे बताऊं,
की यारों इसे तो कुछ भी न मिला पर जैसे इसे सब मिला।
बेंच आंसुओं को ये मुस्कान खरीद लाया,
मन को भी रख गिरवी इसने रोटी को बहुत बड़ा पाया।
बाबा पता नहीं था पर लग रहा जैसे दुनिया की माया में,
भूख की एक और माया।
जिसने सब भुला रोटी को सबसे कितना ऊपर पाया।
जोरों की बारिश में मैंने एक साठ - सत्तर बरस के,
जीवन को जीवन से लड़ते देखा।
रोटी की भूख में मैंने कांपते ठिठुरते बदन को,
भारी बोझा ढोते देखा।
पता नहीं मैं उसे क्यों निहार रहा था!
कुछ सीख रहा था, या वो मुझे कुछ सीखा रहा था।

14. ✻ बाबा तू ये कैसे कर जाता है? ✻

मेहनत पसीने की धारों से,
ठंडक जुगा लेता है बाबा।
थोड़ा प्यार से बोलो तो,
सबकुछ उठा लेता है बाबा।

चमड़ी की सिकुड़न भी,
ठीक हो जाती है।
बीते कल लगी चोट भी,
भूल जाति है।
जब उसे अपनी अपनों की,
भूख की रोटी लाने को,
उन चंद पैसों की याद आती है।
फिर उससे आयी दो रोटी,
जब बाबा के पेट में जाती है।

बस कभी एक कप चाय मिल जाए,
या कहीं कभी सब्जी या साथ खाने को,
कुछ दे दिया जाए।
बाबा कितना खुश हो जाता है।
और दुनिया में मानव सारी दौलत समेत,
मुस्कुरा नहीं पाता है।
बाबा यार तू कितना कुछ सिखाता है,

जैसे पिछला सीखा सब कम पड़ जाता है।

जोरों की बारिश में कांपता, ठिठुरता, बूढ़ा,
साठ - सत्तर बरस का बदन।
देखो पेट और रोटी की भूख मिटाने को,
कितना बोझा उठता है।
बाबा तू ये कैसे कर जाता है!
फिर भी हरदम मुस्कुराता है।
फिर भी हरदम मुस्कुराता है।

15. * नजारे हमेशा एक से नहीं होते *

दुनिया में मेरे दोस्त,
नज़ारे हमेशा एक से नहीं होते।
देखो और आगे चलो
रुक कर वो तुम्हारे नहीं होते।

चलना ही तो जिंदगी है
हर नज़ारे में जो बस्ती चली है।
कभी अच्छे कभी कम अच्छे ,
पर नज़ारे चलते - मिलते रहेंगे।

तू क्यों रुक रहा,
तू भी चलता जा।
जो पसंद आए थोड़ा रुक के ,
जो ना पसंद आए तो चलते जाना।
और कभी कोई ना आए नजारों सा,
तो जो अच्छा था देखा ,
उसे मन में रखना।
यूं ही बढ़ते जाना।

क्योंकि दुनिया में मेरे दोस्त,
नज़ारे हमेशा एक से नहीं होते।
देखो और आगे चलो

सौरभ त्रिपाठी

रुक कर वो तुम्हारे नहीं होते।

क्योंकि दुनिया में मेरे दोस्त,
नज़ारे हमेशा एक से नहीं होते।.............

16. ∗ क्या खुद को कोई और जानता है? ∗

क्या खुद से ज्यादा खुद को,
कोई और जानता है?
क्या सूरज कभी चंदा से,
रोशनी मांगता है?

तो फिर दुनिया के तराजू में,
खुद को क्यों तौलना?
लोगों को सुन क्यों,
खुद से खुद को कुछ न बोलना।

गर करना है रोशन सूरज सा जहां,
तो तारों को क्यों ही टटोलना?
गर मंजिल है आगे खड़ी,
बढ़ रही है समय के साथ ही,
तो क्यों रुककर पीछे को डोलना?

तो क्यों भला बीते कल में खो जाता है?
क्या कभी समय भी यूं ,
लौट कर पीछे जाता है?
क्या खुद से ज्यादा खुद को ,
कोई और जानता है?

क्यों किसी और की राहों में खुद चलना?
लोगों की लहरों में भला क्यों बहना?
गर चल ही रहे हो,
तो खुद की राहों में चलो।
और बहना ही है तो,
अपने ख्वाबों के तूफानों में क्यों न।

क्या खुद से ज्यादा खुद को,
कोई और जानता है?
क्या सूरज कभी चंदा से,
रोशनी मांगता है?

17. ∗ रातें हैं ∗

रातें हैं या यूं कहूं,
ये मन की खूबसूरत बातें हैं।
रातें हैं या यूं कहूं,
रातों में मेरी मुझसे मुलाकातें हैं।
जहां होती मेरी सारी बातें हैं।

शीतल से अंधियारे में,
तारों की छत के साए में,
ये कितनी सारी बातें हैं।
हां माना ये रातें हैं।

अनसुलझे सवालों से भरी,
जवाबों के तलाश में खड़ी,
गठरी मे रखी ये कैसी खिलाफातें हैं।
जिनमें हम खो जाते हैं ऐसी रातें हैं।

रातों को गहरे अंधियारे में ,
क्या ढूंढनें हम जातें हैं ।
या चांद के नजारे में ,
बस जा हम खो जाते हैं।
क्या फिर खुद को खुद में पाते हैं!
क्या पता क्या सच में ये रातें हैं।

रातें हैं या यूं कहूं,

ये मन की खूबसूरत बातें हैं।

क्या जानती हैं मुझको ये,
जो यूं हरदम चली आतीं हैं।
पूंछती ,बताती ,न जाने मुझसे,
क्या - क्या कहलाती हैं।

सच बता रहा हूं,
हवाओं से भी है खुसफुसाती।
कैसी - कैसी बातें बनाती,
चांद - तारे ये सब को बुला लाती,
बड़ी जमघट लगाती, मुझसे भी मिलती।
कैसी पूरी रातों में मुस्कुराती।
कोने - कोने में जा बस जाती।
उम्मीद , निराशा, जो सबको समाती।
क्या ये दुनिया में बस रोज की बातें हैं।
या ये बस मेरी रातें हैं।

रातें हैं या यूं कहूं,
ये मेरे मन की खूबसूरत बातें हैं।
रातें हैं।।

18. ✳ क्या खाक बताऊँ ✳

क्या खाक बताऊँ दुनिया को मैं ,
जहाँ सारे जवाब माँगते हैं,
लिख रखा हो रिश्तों को बही खातों में है जैसे
सब खड़े अपना - अपना हिसाब मांगते हैं।

किसी का कम , किसी का ज्यादा ,
चुकाना तो पड़ता है दोस्त।
कि कह - कह कर बातों को ,
तमाम मांगते हैं।

तेरे जिंदा होने को भी,
ऐश का नाम ठहरा दिया जाएगा।
असफलताओं को मक्कारी ,
बतला दिया जाएगा।।

कभी कुछ हासिल करने की,
खुद की न कोशिश जिनने।
नुक्स निकालने, कमियाँ बताने,
पहले वही आएंगे।

पर न डरना तू , न घबराना,
बातों को बस बातों में उड़ाना।
डटे रहना की हासिल मंजिल है जो करनी,
ख्वाबों के कलम में स्याही भी है भरनी।

लिख देना धरा पर फिर नाम है अपना,
कर कोशिशें जितनी फिर ये मिटा न सकेंगे।।
फिर आएंगे मांगने हिसाब ये अपना
देना इतना कि मुंह खोलने की हिम्मत,
फिर ये जुटा न सकेंगे।
की फिर ये नजरें मिला न सकेंगे।

क्या खाक बताऊँ दुनिया को मैं
जहाँ सारे जवाब माँगते हैं
लिख रखा हो रिश्तों को बही खातों में है जैसे
सब खड़े अपना - अपना हिसाब मांगते हैं।

क्या खाक बताऊँ दुनिया को मैं...............

19. ∗ जीवन आदर्शों का मेला

हर मोड़ पर हर किसी ने सिखाया है।
कितने नाम बताऊँ मैं,
बढ़ती जीवन की राहों में,
कितनों के नाम गिनाऊँ मैं।

जरा गौर से देखो जीवन में,
बस आदर्शों का मेला है।
मुझसे पूंछों तुम मेरा क्या,
क्या मेरा कुछ अलबेला है!

इतना आसान नहीं चुनना,
कि बस एक को गिनता जाऊं मैं।
हर मोड़ में सीखा लोगों से,
लोगों को क्या बतलाऊँ मैं।

वक्त है जीवन या,
बस जीवन है।
कितनों को ये समझाऊँ मैं।

जीवन आदर्शों का मेला,
कितनों को ला दिखलाऊँ मैं।
इतने सारे आदर्शों में,

बस एक को कैसे कहता जाऊं मैं।
हर मोड़ पे सीखा है मैंने,
कितनों का नाम बताऊँ मैं।

जीवन आदर्शों का मेला,
कितनों को ला दिखलाऊँ मैं।

20. ✳ कल क्या था? क्या कहलाएगा ✳

कल क्या था?
जो कल बीत गया।
कल क्या है ?
जो कल आएगा।
वक्त में चाहे जो भी हो,
ये आज है ,
आज ही कहलाएगा।

कल की चिंता करते क्यूं हो,
वो आएगा क्या ! निश्चित है ?
और कल की चिंता करते क्यूं हो,
वो बीत गया । क्या काबिज है?

इस पल को भूल रहे हो क्यूं,
इस पल से तो तुम वाकिफ हो।
बस आज ये अब में निश्चित हो।
बस आज ये अब में काबिज हो।

तो आज कि खुशी मना लो ना,
तो आज में जीवन डालो ना।
क्या जीना कल की कस्मों में,
बीते कल की उन भस्मों में।

सौरभ त्रिपाठी

क्यों न पूंछ रहे खुद को तुम,
इन आज कि चलती रस्मों में।

कल क्या था,
कल क्या आएगा?
इन बातों में खो जाना क्यों?
कल क्या कहता,
कल क्या कहलाएगा?
इन सब में प्राण गंवाना क्यों?
तू आज यूं इस पल में ,
खुद में , खुद से मिलते जा न यूं।
इस पल में जीता जा न यूं।

बीती बातों को रोज उठा,
आज कि बातों को भूल जा,
बीती बातों में ढल जाना क्यों?
और ढूंढने जा आने वाली यादों को,
इस पल कि याद मिटाना क्यों?

कुछ करनी जो बातें ,
तो अब कर ले।
कुछ बननी जो यादें ,
तो अब गढ़ ले।
जो बीता था वो छूट गया।
और आना अभी भी बाकी है।
तू जीता है तो इस पल जी ले।
मरने का क्या कोई साथी है?

तू आज बना बस आज को ही,

आत्मभव

और आज ही में बस जीता जा।
जब कल का कोई प्रश्न नहीं,
फिर मन में कहां उदासी है।
खुशियां बस आज ही आती हैं।
बस आज ही सारी राजी हैं।

कल क्या था?
जो कल बीत गया।
कल क्या है ?
जो कल आएगा।
वक्त में चाहे जो भी हो,
ये आज है,
आज ही कहलाएगा।

कल क्या था,
क्या कहलाएगा?
ये आज में ही रह जाएगा।
जीवन तो जीवन है,
जो आज में बढ़ता जाएगा।

कल क्या था?
जो कल बीत गया।
कल क्या है ?
जो कल आएगा।

21. ✴ शब्द ✴

ये विचारों की लिखी कहानी है,
मेरे भाव शब्दों की जुबानी है।

इन कविताओं से ,
ये सारी बतानी है।
कि शब्दों से बनी,
ये सारी जिंदगानी है।
लिख कर तुम्हे सुनानी है,
सच कर के दिखलानी है।
शब्दों को पिरो ये माला बनानी है ,
तुमको सुनानी है तुमको बतानी है।
कहीं ये वही बातें तो नहीं,
जो आपको हमें बतानी हैं।
शब्दों से नई दुनिया बनानी है।
शब्दों से सारी बदल जानी है।

ये विचारों की लिखी कहानी है,
मेरे भाव शब्दों की जुबानी है।

लेखक

To Know more about Writer plet check these.
लेखक के बारे में और जानने एवं संवाद के लिए कृपया निम्न माध्यमों को चुने।

Instagram - @Theworldforwrite , @Thesaurabhtripathi

Twitter - @Worldforwrite , @SaurabhWritings

　　Book - Ankuran (अंकुरण) in Amazon and flipkart and Notion Press Available Now.

www.ingramcontent.com/pod-product-compliance
Lightning Source LLC
LaVergne TN
LVHW041716060526
838201LV00043B/761

* 9 7 9 8 8 8 5 6 9 6 1 5 9 *